우리 아이 빵빵 시리즈 **9**

바로 알고, 바로 쓰는

빵빵한 어린이 한국 전설

글·현상길 | 그림·박빛나

U&B
유앤북

바로 알고, 바로 쓰는
빵빵한 어린이 한국 전설

초판 1쇄 인쇄 | 2022년 10월 20일
초판 2쇄 발행 | 2022년 12월 20일

글 | 현상길
그 림 | 박빛나
펴낸이 | 안대준
펴낸곳 | 유앤북
등 록 | 제 2022-000002호
주 소 | 서울시 중구 필동로 8길 61-16, 4층
전 화 | 02-2274-5446
팩 스 | 0504-086-2795

ISBN 979-11-978620-2-1 74700
ISBN 979-11-977525-0-6 74700 (세트)

※ 이 책의 저작권은 〈유앤북〉에 있습니다. 저작권법에 의해 보호를 받는 저작물이므로 무단 전제와 복제를 금합니다.
※ 잘못된 책은 〈유앤북〉에서 바꾸어 드립니다.
※ 여러분의 소중한 원고를 기다립니다. you_book@naver.com

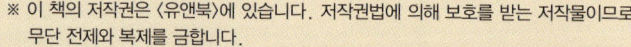

머리말

지혜와 용기, 사랑과 희생의 감동 스토리
『빵빵한 어린이 한국 전설』

우리 겨레가 반만년의 오랜 역사 속에서 지키며 지금까지 이어온 빛나는 문화 중에는 유적이나 유물 등도 많지만, 사람들의 입에서 입으로 전해 온 '설화(說話)'도 풍부합니다.

설화에는 '신화', '전설', '민담'의 세 갈래가 있는데, 이 책은 그 중 우리나라 각 지방에 전해 오는 전설을 대상으로 어린이들의 정서에 맞도록 기획, 편집하였습니다. 같은 전설이라도 지역에 따라 내용이 달라지거나 과장되기도 하므로, 이 책에서는 요즘 어린이들이 이해하기 쉽게 부분적으로 인물의 이름이나 이야기의 흐름을 각색하였습니다.

흔히 전설이라고 하면 그저 재미 삼아 듣고 마는 옛날이야기로만 생각하기 쉬운데, 그렇지 않습니다. 전설은 이 땅에서 오랜 세월 꿋꿋이 살아온 우리 선조들의 삶의 지혜와 고난을 이겨 낸 용기, 이웃에 대한 따뜻한 사랑과 죽음도 두려워하지 않는 희생정신 등을 간직하고 있는 값진 유산이며 정신 문화입니다.

바로 알고, 바로 쓰는
빵빵한 어린이 한국 전설

『빵빵한 어린이 한국 전설』에는 우리나라의 여러 지역에 전해지는 많은 전설 중 어린이들의 가치관 형성에 보탬이 되는 이야기들이 선정, 수록되어 있습니다.

이 책은 우리의 전설 속에 녹아 있는 선조들의 교훈과 삶의 지혜를 어린이들이 재미있고 쉽게 체득하게 해 줄 것입니다. 또한 가족과 함께 전설이 전해 내려오는 지역들과 그 현장을 여행하며 직접 보고 느끼며 견문을 넓힌다면, 어린이들의 지적·정서적 성장은 물론 우리 문화를 아끼고 보존하려는 태도를 기르는 데에도 좋은 도움이 될 것입니다.

겨레의 보배이며 소중한 미래인 우리 어린이들이 이 책을 늘 곁에 두고 읽으면서 선조들의 삶의 지혜와 용기를 본받으며, 우리의 문화를 잘 가꾸어 나가는 데 힘쓰기를 바랍니다.

감사합니다.

현 상 길

'설화(說話)'란 무엇일까요?

■ '설화'의 뜻
옛날부터 사람들의 입에서 입으로 전해져 온 이야기를 '설화'라고 합니다. 문학에서는 이러한 양식을 '구비문학'이라고 부르지요. 설화는 말로 전승되며 일정한 틀을 가진 꾸며낸 이야기로서, 글로 지어진 '소설'과는 구별됩니다. 그리고 설화는 이야기 전체를 세세하게 기억하여 그대로 전해지는 것은 아니며, 그 이야기의 중요한 구조(줄거리)만 기억하여 전해지므로 민요, 무가, 판소리와도 다르지요. 설화는 입으로 전해지다가 후대에 와서 한자나 한글 등 문자로 기록되기도 하였습니다.

■ '설화'의 종류
설화는 보통 '신화(神話)', '전설(傳說)', '민담(民譚)' 세 갈래로 나눠집니다.

1. **신화** : 일상적인 세계를 넘어선 신성한 공간에서 일어난 일들에 대한 이야기입니다. 나라의 시작, 조상의 탄생, 해·달·별·불·물 등에 관한 이야기들이 대부분이며, 등장인물은 신(神), 또는 탁월한 능력을 가진 인간들입니다.

    예) 단군신화, 주몽 신화, 박혁거세 신화, 일월 기원 신화(해와 달이 된 오누이) 등

2. 전설 : 특정한 시대의 현실적 시간과 공간에서 일어난 일들에 대한 이야기로서, 사람들에게는 실제 있었던 진실한 내용이라고 믿어집니다. 전설은 실존 인물이나 특정한 지역의 산, 바위, 연못 등 구체적 증거물을 가지고 있는 게 특징이지요. 또한 전설 속 등장인물은 일반인보다 뛰어난 능력자이면서도 때로는 성격의 결함을 가지며, 그 인물의 행위는 예기치 않은 난관에 부딪혀 실패하는 경우가 많습니다.

예) 장자못 전설, 아기장수 전설, 남매탑 전설, 망부석 전설 등

3. 민담 : 완전히 꾸며낸 옛날이야기로서 듣는 사람들의 흥미를 위주로 하며, 아무 제약 없이 지어져 말로 전해 내려옵니다. 흔히 '옛날 옛적에~', '호랑이 담배 피던 옛날에~' 등과 같은 구절로 시작되지요. 시간과 공간에 구애받지 않고 꾸며낸 이야기이기 때문에 증거물을 댈 필요가 없으며, 등장인물도 평범하거나 바보스러운 인간이 많지요. 이러한 인물이 우연한 행운으로 난관을 극복하고 성공하는 경우가 많고, 대부분의 이야기들은 '그래서 오래오래 행복하게 살았대.' 하고 끝을 맺습니다.

예) 방귀쟁이 며느리, 빨간 구슬 파란 구슬, 구두쇠 자린고비 등

차례

01 재물을 잃은 목수의 복수	10
02 오누이의 아름다운 사랑	16
03 암곰과 나무꾼의 슬픈 사연	22
04 일생을 비추는 맑은 거울	28
05 죽어서 뱀이 된 하인	34
06 땀 흘리는 비석	40
07 학으로 변신한 세 처녀의 혼	46
08 오십천을 흐르는 못다 이룬 사랑	52
09 바다에서 건진 23개의 불상	58
10 왜적을 물리친 용감한 두꺼비들	64
11 소쩍새가 된 한 많은 며느리	70
12 죽어서도 임금을 구한 뱃사공	76
13 버선꽃으로 피어난 여인	82
14 관 속에서 들리는 장군의 기침 소리	88
15 그림자 없는 돌탑	94
16 날개 달린 아기장수	100
17 바위 타고 동해를 건너간 부부	106
18 철쭉과 얼레지로 남은 연인	112
19 바위가 되어 버린 오백 형제	118
20 불길에서 주인을 구한 의로운 개	124
21 바보의 아내가 된 공주	130
22 학이 맺어 준 외딴섬의 사랑	136
23 생명을 구한 한밤중의 종소리	142
24 호랑이를 물리친 나도밤나무	148
25 바위로 변한 칠삭둥이의 아내	154
26 구렁이를 퇴치한 판관	160
27 승천하지 못한 바닷가의 용	166
28 기둥에 기름칠한 학자의 지혜	172
29 삼거리에서 맺은 세 남자의 인연	178
30 천 년을 늪에 묻힌 일곱 석불	184
31 남편을 기다리다 굳어 버린 아내	190
32 어부의 아내와 기적의 새끼줄	196
33 남해의 해룡이 된 이무기	202
34 밤마다 나타나는 처녀의 원혼	208
35 신선바위에서 사라진 스님들	214

바로 알고, 바로 쓰는
빵빵한 어린이 한국 전설

01 재물을 잃은 목수의 복수

전등사의 벌거벗은 조각상

02 오누이의 아름다운 사랑
계룡산의 남매탑

계룡산 삼불봉
'남매탑'

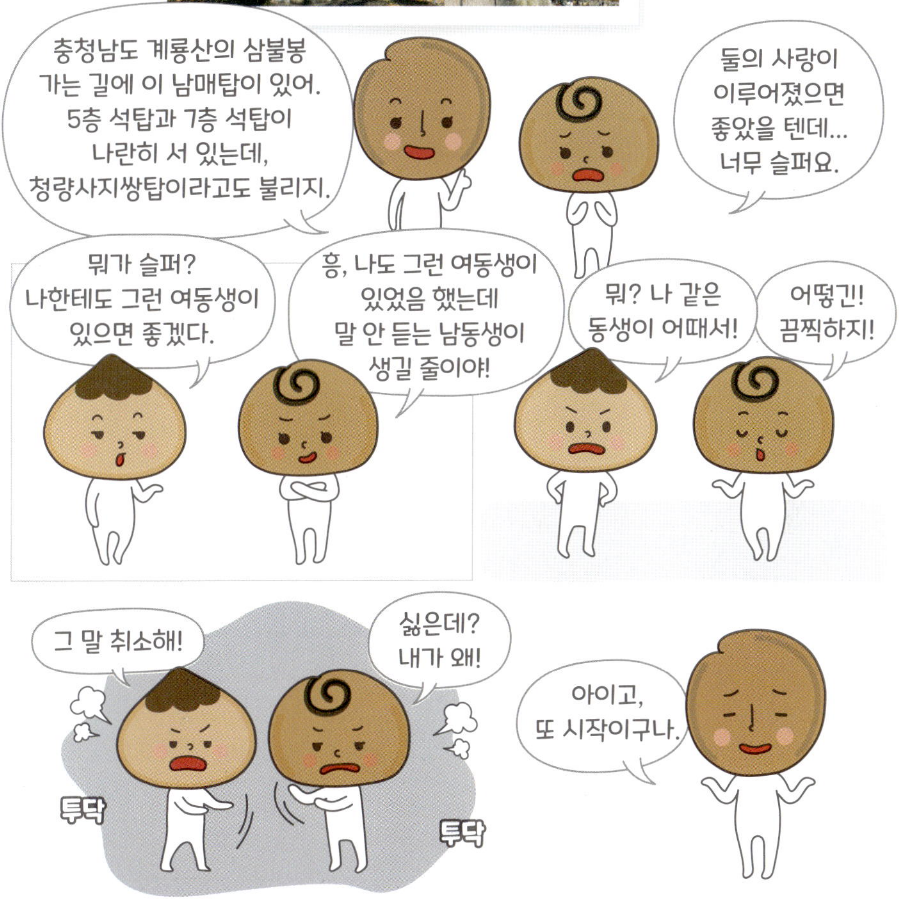

03 암곰과 나무꾼의 슬픈 사연
금강의 곰나루터

곰 세 마리가 한집에 있어.

아빠 곰, 엄마 곰, 아기 곰.

오호, 귀여운 것들. 꼬마들이 노래 잘하네.

큭큭. 꼬마가 꼬마한테 귀엽다고 하네?

내가 왜 꼬마야? 난 어린이라고!

근데, 아빠. 우리나라엔 왜 곰 이야기가 많아요?

우리 민족은 옛날에 곰을 신령스러운 동물로 여겼기 때문이지.

단군신화에도 곰이 나오잖아?

알아요! 마늘 먹고 여자가 됐다고 했어요.

그럼, 아빠가 곰에 대한 이야기 하나 더 해 줄게.

04 일생을 비추는 맑은 거울
금강산의 명경대

05 죽어서 뱀이 된 하인
남해 금산 상사바위

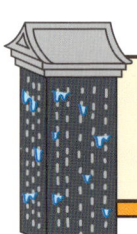

06 땀 흘리는 비석
밀양의 표충비

경남 밀양시 무안면 표충사 '표충비'

07 학으로 변신한 세 처녀의 혼
목포의 삼학도

08 오십천을 흐르는 못다 이룬 사랑
삼척의 죽서루

강원도 삼척시
'죽서루'

아...
너무 슬프다...

강원도 삼척시에
'죽서루'가 있고, 그 앞에는
'오십천'이 흐르고 있지.

그곳엔 지금도 그 옛날
못다 이룬 남녀의 사랑
이야기가 전해지고 있어.

이승휴는 책임감이 없네.
사랑했으면 죽죽선을
데리고 갔어야지!

와! 민이가
웬일이래?

민이랑 사귈 연인은
참 좋겠네!

연인이요?
으, 닭살!

좋으면서
왠 내숭?

오십천을 흐르는 못다 이룬 사랑 - **삼척의 죽서루**

09 바다에서 건진 23개의 불상

보문사의 석굴사원

10 왜적을 물리친 용감한 두꺼비들
섬거마을의 두꺼비

11 소쩍새가 된 한 많은 며느리
천연기념물 소쩍새

우리나라 천연기념물 '소쩍새'

— 시어머니가 넘 나빠요!

— 그러게 말이다. 사람은 서로 아껴 주고 사랑하며 살아야 하는데…

— 그런데 할아버지. 이름을 왜 '소쩍새'라고 불러요?

— 그건 솥에 밥이 적어 며느리가 굶어 죽었다고 사람들이 생각하다 보니 '솥적, 솥적' 하고 들린 거겠지.

— 아, '솥적, 솥적'이 '소쩍, 소쩍'이 된 거군요!

— 할아버지 저도 배고파요.

꼬르륵

— 그래? 저녁 먹으러 가자. 우리 집 솥은 크지!

— 우와! 저는 배 꽉 채우겠습니다

— 소쩍

— 소쩍

소쩍새가 된 한 많은 며느리 – 천연기념물 소쩍새

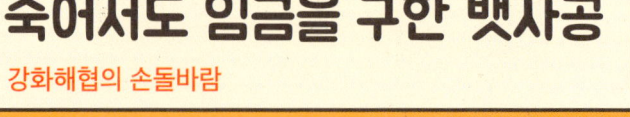

그런데 배가 강화해협에 들어서서 지금의 용두돈대 앞바다를 지날 때였지. 갑자기 돌풍이 몰아치고 물살이 거세지고 안개까지 끼어 앞도 잘 안 보이게 됐어.

이게 갑자기 웬 바람이냐?

일부러 이상한 곳으로 데려가는 건 아닌지 저놈이 수상하구나.

걱정 마십쇼. 여긴 원래 바람이 셉니다요!

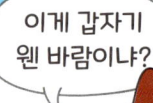 철썩
 절썩

이 뱃사공 놈이 우릴 속이고 있다!

절대 아닙니다요!

당장 목을 쳐라! 적과 내통한 게 틀림없다!

만일 제가 죽더라도 뒤웅박을 배 앞에 띄우고 그 위를 따라가십시오. 소원이옵니다…

절레 절레

강화도 광성보 주변 바다 '손돌목'

13 버선꽃으로 피어난 여인
수덕사의 버선꽃

충청남도 예산의 덕숭산
'수덕사의 버선꽃'

14 관 속에서 들리는 장군의 기침 소리
이천의 기치미고개, 넋고개

1592년 임진왜란이 일어나자 왜군은 물밀 듯이 북으로 올라왔어. 그때 삼도도순변사로 임명된 신립 장군은 부하 장수 김여물과 함께 남쪽으로 내려가 왜군에 맞서 싸웠지.

관 속에서 들리는 장군의 기침 소리 - **이천의 기치미고개, 넋고개**

관 속에서 들리는 장군의 기침 소리 - 이천의 기치미고개, 넋고개

15 그림자 없는 돌탑
불국사의 석가탑

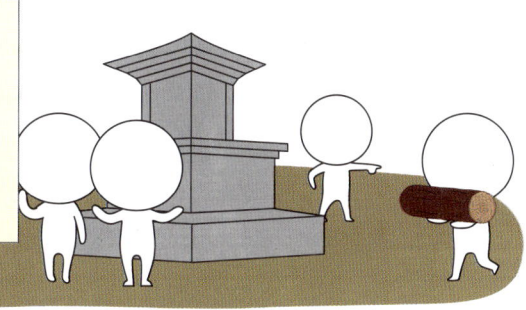

그림자 없는 돌탑 - 불국사의 석가탑

그림자 없는 돌탑 – 불국사의 석가탑

16 날개 달린 아기장수
용마산의 용마봉

용마산 '용마봉'

17 바위 타고 동해를 건너간 부부
포항의 해달못

한편, 집에서 연오랑을 기다리던 세오녀는 남편이 오지 않자 바닷가로 나가 보았는데, 연오랑과 똑같은 일이 일어났어.

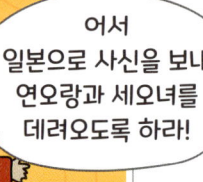

18 철쭉과 얼레지로 남은 연인
가평의 연인산

다음날 사람들이 산에 가 보니 밭은 잿더미로 변해 있었지. 그런데 길수와 소정의 신발 두 켤레가 놓인 자리의 철쭉과 얼레지만은 불에 타지 않은 채 남아 있었대.

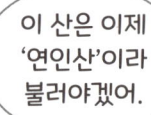

19 바위가 되어 버린 오백 형제

영실의 오백장군 바위

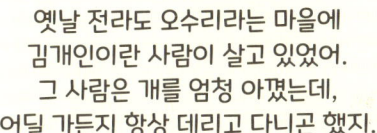

옛날 전라도 오수리라는 마을에 김개인이란 사람이 살고 있었어. 그 사람은 개를 엄청 아꼈는데, 어딜 가든지 항상 데리고 다니곤 했지.

아저씨, 개랑 같이 어디 가세요?

장에 간다. 얘야, 개라 하지 말고 믿음이라고 불러라.

개 이름이에요? 야, 믿음아!

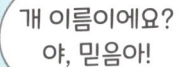

그것 봐. 이름 불러 주니 좋아하잖아!

컹컹컹.

장터에 온 김개인은 친구를 만나 술을 많이 마시게 되었어.

불길에서 주인을 구한 의로운 개 - 오수의 의견비

21 바보의 아내가 된 공주
광진구의 아차산성

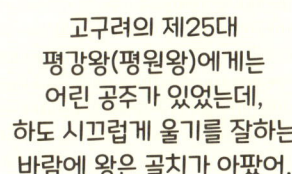

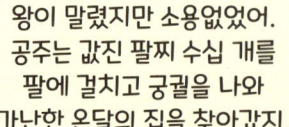

왕이 말렸지만 소용없었어. 공주는 값진 팔찌 수십 개를 팔에 걸치고 궁궐을 나와 가난한 온달의 집을 찾아갔지.

계세요? 저는 온달님 만나러 왔어요.

내가 앞은 보이지 않지만 향내를 맡으니 귀한 집안 여인이군.

어서 나가! 여긴 당신 같은 여자가 올 데가 아니라고!

이런 누추한 곳에 아리따운 여인이 올 리 없소. 당신은 나를 홀리려고 둔갑한 여우가 분명하니 당장 나가요!

온달님은 바보가 아님을 제가 압니다.

마음이 맞으면 가진 게 없어도 잘 살 수 있습니다. 저를 믿고, 아내로 받아 주세요.

공주의 간절한 청으로 결국 온달과 공주는 부부가 되었어. 온달은 착한 청년이었고, 공주는 가져온 패물을 팔아 온달이 무예를 익히도록 정성껏 도와주었지.

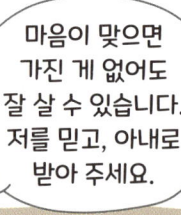

22 학이 맺어 준 외딴섬의 사랑

옹진군 백령도

가난한 선비는 강제로 서해의 어떤 무인도로 쫓겨나고 말았어. 아무도 없는 섬에서 선비는 날마다 사랑하는 연인을 그리워하며 외롭게 지낼 수밖에 없었지.

아, 사랑하는 낭자가 보고 싶어…

엇! 학이 왜 여기에?

이건 뭐야? 무슨 편지 같은데…

선비님, 어디에 계신가요? 너무나 보고 싶어요…

이건 낭자의 편지잖아!

학이 맺어 준 외딴섬의 사랑 - 옹진군 백령도

서해 최북단 '백령도'

이야기 속의 섬은 우리나라 서해 최북단에 있는 '백령도'야. 원래 이름은 '백학도'였대. 하얀 학이 맺어 준 사랑 이야기가 전해져 그렇게 불렸다고 해.

와, 잘됐다!

학은 착한 새구나! 나도 종이학 접을래. 가르쳐 줘!

알았어! 자, 이렇게 이렇게 접으면 돼.

에이, 왜 이렇게 어려워? 안 할 거야!

고작 한 번 해보고? 그리는 참을성 없어 사랑도 못하겠네?

이 학만 있으면 되지, 뭐!

야, 그거 안 내놔?

타왓

학이 맺어 준 외딴섬의 사랑 - 옹진군 백령도

23 생명을 구한 한밤중의 종소리

치악산 상원사

생명을 구한 한밤중의 종소리 - **치악산 상원사**

강원도 원주
'치악산'과 '상원사'

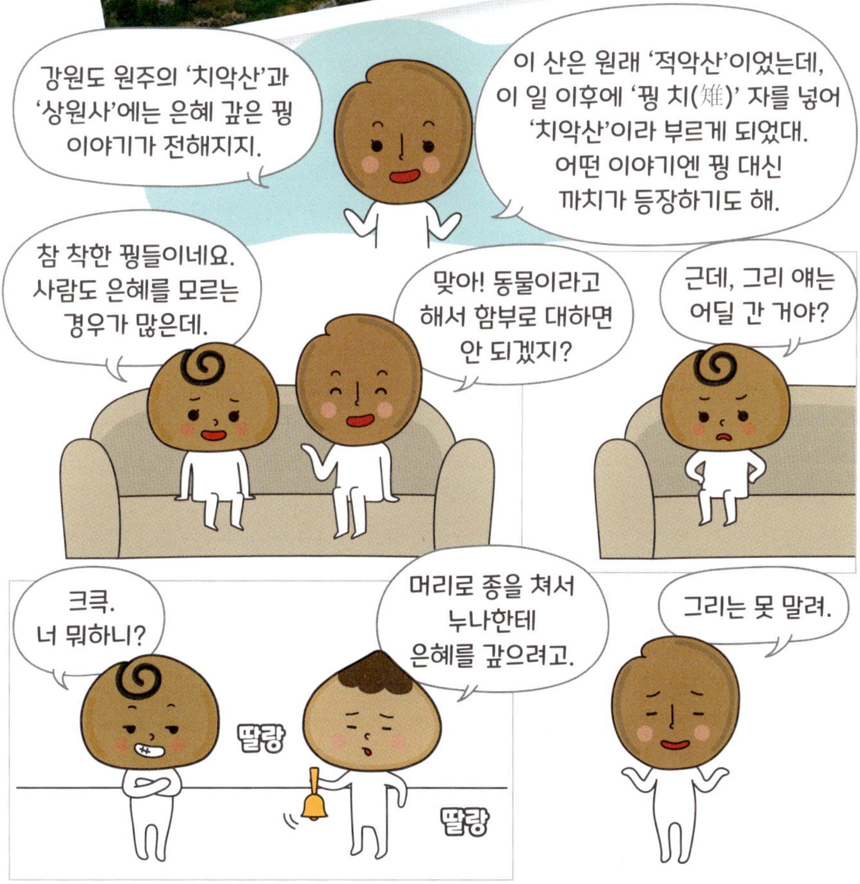

강원도 원주의 '치악산'과 '상원사'에는 은혜 갚은 꿩 이야기가 전해지지.

이 산은 원래 '적악산'이었는데, 이 일 이후에 '꿩 치(雉)' 자를 넣어 '치악산'이라 부르게 되었대. 어떤 이야기엔 꿩 대신 까치가 등장하기도 해.

참 착한 꿩들이네요. 사람도 은혜를 모르는 경우가 많은데.

맞아! 동물이라고 해서 함부로 대하면 안 되겠지?

근데, 그리 얘는 어딜 간 거야?

크크. 너 뭐하니?

머리로 종을 쳐서 누나한테 은혜를 갚으려고.

그리는 못 말려.

딸랑 딸랑

생명을 구한 한밤중의 종소리 - **치악산 상원사**

24 호랑이를 물리친 나도밤나무
고단리 밤나무 숲

강릉시 왕산면 고단리 '밤나무 숲'

25 바위로 변한 칠삭둥이의 아내
아산의 어금니 바위

며느리는 부랴부랴 스님이 시킨 대로 아기를 업은 채 산으로 올라가고 있었어. 그런데 갑자기 엄청 무서운 소리가 들리는 바람에 스님의 말을 잊어버리고 뒤를 돌아보고 말았지.

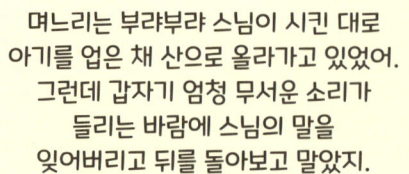

아이고!, 저걸 어쩌나… 집이 물에 잠기다니. 아버님, 여보…

몸이 왜 이러지? 꼼짝 못하겠어…

스님 말을 잊었어. 몸이 굳어가네… 아아… 아가야… 흑흑.

충청남도 아산시 염치읍
'어금니 바위'

26 구렁이를 퇴치한 판관
제주의 김녕사굴

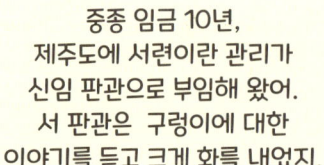

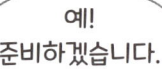

27 승천하지 못한 바닷가의 용
제주의 용두암

아빠, 어서 오세용. 와, 뻥튀기다!

그 상자는 뭐예요?

후배가 제주도 여행 갔다 와 선물로 준 거야. 그리한테 주래.

열어 봐야지!

어? 그건 용두암인데!

에이, 돌이잖아. 감귤 초콜릿인 줄 알았는데…

우리 제주도 여행 갔을 때 바닷가에서 본 거잖아!

그랬나…?

다시 기억나게 용두암 전설 얘기해 줄게. 잘 들어 봐.

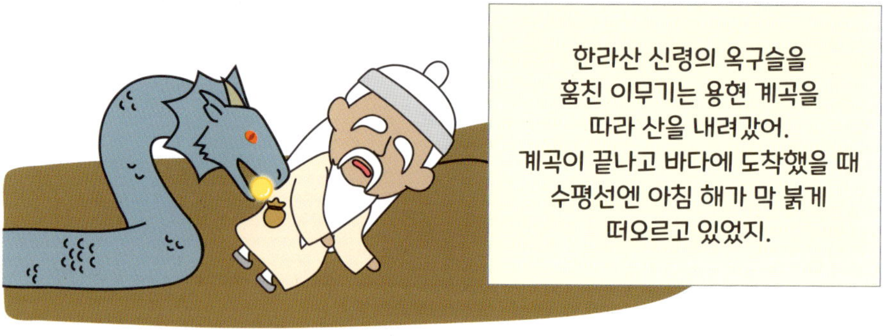

28 기둥에 기름칠한 학자의 지혜
율곡리의 화석정

기둥에 기름칠한 학자의 지혜 - 율곡리의 화석정

경기도 파주시 율곡리
'화석정'

그런데 6.25전쟁 때 또 불탔고, 1966년 다시 복원되었어.

임금님도 구하고, 전쟁 때 불타고… 참 고난이 많은 정자로군요.

아빠 얘길 들으니까 화석정이 달라 보여요. 왠지 듬직한 것 같아요.

나도 그래. 이율곡 선생님의 발자취가 느껴져.

그리야, 넌 거기서 뭐하냐?

두 번이나 불타다니 얼마나 뜨거웠니?

꼬옥

암튼, 엉뚱해.

화석정이 좋아하겠네.

기둥에 기름칠한 학자의 지혜 - 율곡리의 화석정

29 삼거리에서 맺은 세 남자의 인연

천안의 능수버들

와, 경치 좋다!

나도 좋아. 완전 봄이네

조금 더 가면 천안삼거리인데 거기서 점심 먹는 거 어때?

와, 좋아요!

천안삼거리엔 능수버들이 유명하잖아요?

그렇죠. 그 능수버들엔 기막힌 사연이 있다고요.

무슨 사연인데요? 얘기해 줘요!

좋아. 잘 들어보라고!

충청남도 천안삼거리 '능수버들'

이곳 충청남도 천안삼거리는 상업과 교통의 중심지였어. 그래서 옛날엔 사람들이 묵어 가는 원과 주막이 많았지.

빽빽히 늘어선 이 능수버들은 그 옛날 세 남자의 특별한 인연을 전해 주며 사람들의 사랑을 받고 있지.

재밌는 얘기 듣다 보니 벌써 도착했어요!

빨리 와요! 배고파.

버들 국수

뭐가 그리 급해! 암튼, 먹는 데는 일등이야.

어험! 여기가 갑동이, 을동이가 왔던 주막입니까?

네? 무슨 말씀인지…?

아하하…

삼거리에서 맺은 세 남자의 인연 – 천안의 능수버들

30 천 년을 늪에 묻힌 일곱 석불

용화사의 칠존미륵불

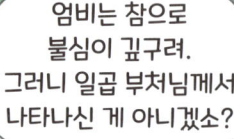

31 남편을 기다리다 굳어 버린 아내
치술령의 망부석

그런데 복호를 구해 오자마자 눌지왕은 이번엔 일본에 잡혀간 자신의 아우 미사흔을 구해 오라고 박제상에게 명령했어.

일본으로 건너간 박제상은 뛰어난 지략으로 일본 왕을 속이고 미사흔 왕제를 탈출시켰어. 그러나 자신은 정체가 탄로 나 붙잡혀 혹독한 고문을 당했지.

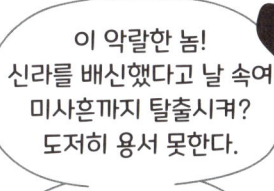
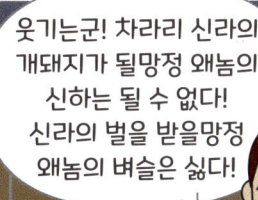

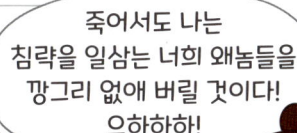

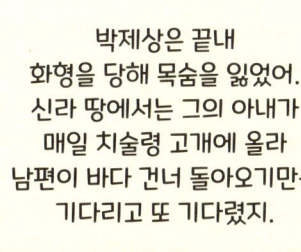

32 어부의 아내와 기적의 새끼줄
통영의 해평열녀 사당

어부의 아내와 기적의 새끼줄 - 통영의 해평열녀 사당

통영시 봉평동 해평마을
'해평열녀 사당'

통영시 봉평동 해평마을엔 '해평열녀 사당'이 있어서 지금도 그 옛날의 슬픈 사연을 전해 주고 있지.

벌레들이 갉아 먹은 나뭇잎에 '열녀'라는 글자가 나타나 임금님도 감동하여 추모비를 세워 주셨다고 해.

벌레들이요? 새댁의 희생에 하늘도 감동했나 봐요.

전설엔 참 기적같이 신기한 얘기가 많지.

우리나라 곳곳에 있는 사당들은 다 애틋한 사연을 간직하고 있지.

짜잔! 이걸 보시라!

그건 또 언제 파먹었어?

내가 배고픈 걸 하늘이 아셨나?

웃겨 정말.

어부의 아내와 기적의 새끼줄 - 통영의 해평열녀 사당

33 남해의 해룡이 된 이무기

하동의 이명산

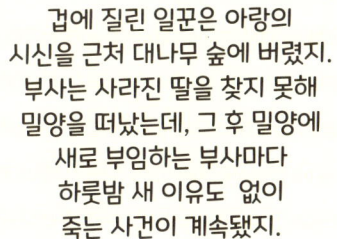

35 신선바위에서 사라진 스님들

지리산 뱀사골

바로 알고, 바로 쓰는

빵빵한 어린이 한국 전설